D'UN RÉVÉREND

PÈRE JÉSUITE

AU

CITOYEN MICHELET

Professeur au collége de France.

Ad majorem Dei gloriam.

Prix : 25 centimes.

PARIS

CHEZ GÉRARD, 19 RUE DE CONSTANTINE

ET CHEZ TOUS LES LIBRAIRES.

1851

LETTRE ÉDIFIANTE ET CURIEUSE)

D'UN RÉVÉREND

PÈRE JÉSUITE

AU

CITOYEN MICHELET.

J'ignore si, depuis *vos malheurs,* vous êtes revenu à de meilleurs et plus chrétiens sentiments; hélas! je le désire, mais sans oser encore l'espérer; cela pourra venir plus tard... Dieu, en effet, répand ses grâces sur qui lui plaît : il fait d'un mécréant un saint, d'un voltairien comme vous un jésuite, et cette dernière faveur est certainement la plus grande qu'il soit donné à un honnête homme d'ambitionner ici-bas. Il se peut donc que la grâce du bon Dieu finisse par vous toucher... et pour cela, il n'est rien de si efficace que ces coups inattendus dont le ciel aime parfois à frapper notre orgueil, et pour nous éprouver, et pour nous faire rentrer en nous-mêmes, et marcher dans la bonne voie...

Il serait beau, cher monsieur, après avoir été le scandale de la vertu, de vous en voir un jour l'édification...

Comme vous voyez, je ne viens pas vous railler, ni insulter à votre chute, et, moins encore, le bon Dieu m'en préserve! verser sur votre cœur, le poison des vengeances cléricales. Il nous suffit à nous, hommes de modération et de paix, de vous avoir abattu et mis dans l'impossibilité de nous nuire oralement et publiquement, pour que, mûs de compassion et de charité, nous demandions à Dieu votre conversion, par les mérites des saints de notre Institut, et par l'intercession des âmes pieuses, aux prières desquelles vous êtes, en ce moment même, particulièrement recommandé.

Il n'est que trop vrai; oui, vous nous avez diffamé et bien fait du *tort,* dans l'esprit de la jeunesse. Si nous vous en croyions, nous ne serions point demeuré en reste... et on vous aurait assez bien rendu la monnaie de votre argent. Je ne sais. Il se peut toutefois que le zèle de nos amis ait été poussé un peu loin sur cet article, par pur excès de charité et de commisération pour vous... Cependant, vous ne devez pas ignorer que les moyens dont nous nous servons quelquefois peuvent souvent être sanctifiés par la *fin* qu'on se *propose*... Il importe seulement de bien *diriger* son *intention*, selon la maxime d'un de nos pères.

Quoi qu'il en soit, nous vous eussions pardonné vos attaques contre l'Eglise et le clergé en particulier, n'était *l'immoralité* prodigieuse de vos enseignements à *l'endroit* de notre société, *societatis Jesu*.

Notre Père général s'est ému... De là votre suspension.

Jadis, on vous aurait *suspendu* de toute autre façon... Mais l'Eglise, qui a *horreur du sang*, s'est toujours montrée clémente... Et soit qu'elle condamnât ses ennemis au feu ou à la potence, du moins leur pardonnait-elle, s'ils mouraient repentants...

Admirable Eglise catholique! indulgente et miséricordieuse, jusque dans sa colère!...

Enfin, mon cher monsieur, il vous a été fait ce qu'à notre place vous eussiez fait à nous-mêmes. — De quoi pourriez-vous donc vous plaindre? De ce que nous sommes puissants? — Notre puissance *vient* de Dieu. De ce que nous sommes habiles et considérés des *honnêtes gens?* Imitez-nous, cachez votre vie, faites pénitence, *méprisez* le monde, et tout ce qui est du monde... Avec cela on va loin.

Vous êtes notre ennemi : je vous parle en *ami*.

Vous vous flattez, bien à tort, selon moi, d'être un grand historien.

Vous écrivez l'histoire de la Révolution : en voulez-vous connaître la cause *efficiente* et *suffisante?*

Ne la cherchez pas ailleurs que dans l'arrêt *inique* du parlement de **1762**, contre notre société.

Voilà qui a précipité à bas le trône et l'autel, fait monter Louis XVI à la guillotine et jeté la France dans l'effroyable abîme où elle se débat et se débattra longtemps encore, *si nous ne venons lui tendre la main.*

Vous autres penseurs n'auriez jamais trouvé cela.

Vous riez? — Je ne plaisante pas, bien que cela m'arrive aussi souvent que je songe aux déceptions étranges qui vous attendent, vous, citoyen Michelet, aussi bien que le bataillon des *libres penseurs* *, et toute cette cohue de *mécréants* qui *compose* votre bourgeoisie, que le bon Dieu a en horreur...

* Votre confrère, M. Jacques, vous en montre un exemple. *C'est un commencement.*

Nous ferons voir à ces phalanges idiotes de la *tolérance* de ces choses qui leur feront ouvrir un peu grands les yeux, ainsi qu'aux *beaux yeux* de leurs *cassettes*...

Ce sont ces honnêtes gens à qui nous ferons payer les pots cassés depuis soixante ans, en attendant que nous leur fassions rendre gorge des biens dont ils se sont enrichis, à nos *dépens*, en *dépouillant* l'Eglise, c'est-à-dire plusieurs milliards de francs, *plus* les intérêts des intérêts... tant et si bien, ma foi, que n'ayant plus un sou, nous serons dans la nécessité de leur faire *grâce du reste !*... Hein ! que vous en semble ? vous n'y songiez guère ? Nous y songeons beaucoup, nous et nos *amis.*

Comment un homme d'esprit tel que vous ne s'est-il pas aperçu plutôt qu'en jetant sur le pavé des rues leur vieux Louis-Philippe, l'incarnation vivante et couronnée de tous ces crétins, ce troupeau d'Epicure n'avait tant parlé, légiféré et travaillé que pour notre propre compte, et rempli un méchant rôle de comparses dans une pièce donnée à notre *bénéfice !*... Plus souvent que nous ayions eu un seul moment la pensée d'édifier quoi que ce soit sur un pareil fumier !

Mais nous nous en sommes servis, au besoin, pour dauber le *peuple souverain*... déshonorer la bourgeoisie et enterrer la Révolution. Voilà pourtant, mon cher Monsieur, ce qui aurait dû vous mettre à même de faire de plus *sages* réflexions et servir de texte à vos méditations historiques et morales.

> Mais le diable vous a tenté,
> Et saint Ignace vous a frappé.

Mieux inspiré, vous eussiez combattu sous notre bannière, avec nos Veuillot, nos Riancey, nos Montalembert, nos Roux-Lavergne, et autres *croisés*, dont la *candeur*, et l'*innocence* font la joie de l'Eglise, l'édification des *bonnes âmes* et l'*ornement* de l'*Elysée*... Car nous avons dans notre *manche* un Louis-Débonnaire, mais qui ne le sera pas, je vous jure, pour toute cette milice nationale d'incrédulité, implacable ennemie de Dieu et de l'Eglise, c'est-à-dire des jésuites.

Ce que nous venons de faire pour Strasbourg, et tant d'autres communes hérétiques ou incroyantes, nous le ferons également pour cette bonne ville de Paris, que le ciel confonde!

Croyez-moi, cher Monsieur, abjurez vos erreurs ; imitez le neveu du grand homme : allez à confesse, communiez souvent.... et le bon Dieu vous bénira !

Aussi bien, vaut-il mieux faire aujourd'hui, de *bonne grâce* et volontairement, ce que plus tard il faudra que vous fassiez de *gré ou de force*, sous peine d'être considéré comme hérétique ou schismatique et traité en conséquence. Car nous ne plaisanterons pas sur ce sujet, ni *César* non plus.

— Comment, César!... nous aurons un César, dites-vous?

— Oui, certes! nous sommes en train de vous le *fabriquer* en ce moment-ci. Du reste, nous l'avons trouvé sous la main; il ne s'agit donc que de *retaper* notre homme d'un peu de christianisme, de catholicisme, d'ultramontanisme et de *beaucoup* de jésuitisme. Il importe, en effet, que l'Eglise qui est *esprit*, ait à côté d'elle un bras de *chair* pour exécuter ses volontés... Néanmoins, plus de rivalité et même de dualité entre l'Eglise et l'Etat : désormais, ce doit être tout un. Cette séparation ne fut exigée autrefois par l'Eglise, que pour se garantir des empiétements de la puissance temporelle. *Aujourd'hui les intérêts de l'un et de l'autre se trouvent confondus :* l'Eglise, il est vrai, peut se *passer* du prince, le prince ne saurait se *passer* de l'Eglise : *il ne sera, et ne saurait être que par elle et pour elle.* Voilà la logique.

Donc vive l'empereur ! vive Loyola !

Deux noms qui deviendront d'une synonymie parfaite.

Alors la France sortira des ruines qu'ont amoncelées sur elle, le monstre d'incrédulité et d'impiété, enfanté par le XVIIIe siècle — et soixante ans de révolutions sacriléges... La foi, cette fleur céleste, honorée et respectée, refleurira dans les âmes, sous le souffle vivifiant des ministres de la religion, et sous le regard tutélaire et maternel de la sainte inquisition, —tribunal auguste, trop longtemps méconnu, qui fit, durant des siècles, le bonheur, la joie et la prospérité des Espagnes, et que la France repoussa pour son malheur et sa honte...

Qu'il sera beau de voir cette France, comme un autre *Sunderbund*, marcher contre les ennemis de l'Eglise et du *trône,* écraser l'hérésie, et purifier son propre sein des membres gangrenés qui l'infectent et la souillent! Qu'il sera beau de voir cette *fille aînée de l'Eglise,* jadis si chrétienne, si éminemment catholique, redevenir, comme aux meilleurs temps de son histoire, — le glaive de la religion, la citadelle de la foi, l'enfer de l'impie et la terreur des méchants!...

Oh! que ce sera édifiant de voir trente-six millions de Français, et, à leur tête, un prince, l'élu de Dieu, héritier d'un grand nom, consacré par l'Eglise, offrir aux yeux du monde étonné l'imposant et ravissant spectacle d'un peuple de saints, *récitant les litanies...* marcher en possession, un

scapulaire au cou, un cierge à la main, à la con-
quête des âmes !...

Eh quoi! mon cher Monsieur, votre cœur,
comme le mien, ne s'émeut-il pas, à la vision de
tels et si éclatants prodiges de charité et d'hu-
milité opérés par la foi?

Et ne vous sentez-vous pas porté, en cet in-
stant, de frapper avec *componction* votre poitrine,
et de reconnaître que vous n'avez jamais rien ima-
giné de si magnifique, de si noble et de si triom-
phant, que ces futures et *prochaines* destinées ré-
servées au peuple français?

O Michelet! l'eussiez-vous cru que, sous la République démocratique, *peu sociale*, fondée en Fé-
vrier, nous deviendrions, nous, les enfants de
Loyola, les *électeurs*, les *prôneurs*, les *souteneurs* et
les *confesseurs* d'un empereur *très-chrétien*, — l'i-
dole des *sociétés de bienfaisance*, — de la nôtre en
particulier?...

Déjà, d'un bout à l'autre de la *province de France*,
s'organise, dans chaque diocèse, de nombreuses
et pieuses confréries, pour demander à Dieu la
conversion des pécheurs — et *celle* de la République, en *quelque chose* d'impérial et de *spirituel*, tout
ensemble... Et nous touchons au but : le ciel enfin
a entendu nos profonds soupirs... il a vu, avec
compassion, les ruisseaux de larmes qui coulaient

des yeux de l'Eglise éplorée... Il nous a répondu par la voix de *Marie*... de Marie, — oui, mon cher monsieur. C'est pourquoi je ne saurais donc trop vous engager, en faisant un *retour* sur vous-même, de méditer sérieusement sur ce que je vous ai dit et sur ce que je vais encore vous dire.

Reniez des croyances et des convictions qui ne sont, *entre nous,* que ce qu'on veut les faire... et avec lesquelles vous avez et aurez plus à perdre qu'à *gagner.*

Croyez-moi, abjurez ces doctrines perverses et subversives de *liberté,* d'*égalité,* de *fraternité* impossibles... Faites-vous catholique romain.

Consultez le baromètre politique-religieux : vous verrez qu'il est au *monarchisme* et *monachisme.*

En voulez-vous savoir davantage? Eh bien ! c'est *marché fait, passé, conclu et arrêté :* nous aurons un *empereur,* qui sera notifié, affiché, proclamé, acclamé à tous les carrefours de l'*empire,* au bruit du canon et des cloches, avec accompagnement de plain-chant, de suisses, bedeaux... et force aspersions d'eau bénite... Dès lors à quoi bon rêvasser de *socialisme,* de *bien-être universel* et autres viandes creuses, dont vous vous repaissez, ainsi qu'un tas de chenapans, de meurt-la-faim, puisque la République elle-même agonise en ce moment et que nous sommes ses médecins!.......

Aussi si vous voyiez, à l'heure qu'il est, que de conversions soudaines, imprévues, éclatent de toutes parts ! Et quelle procession ou plutôt quelle cohue d'anciens libéraux et d'athées émérites, O. B...., T...., B.-S. H...., S.-M. G...., C.... et D.... aîné, en tête, vient s'abattre, chaque matin, dans notre maison de la rue des Postes : les uns pour se confesser, les autres pour entendre la messe, ceux-ci pour entrer en retraite, ceux-là pour faire bénir des chapelets, médailles et autres objets de dévotion. Fonctionnaires publics, généraux, procureurs généraux, substituts, filles entretenues, *dames de maison*, pas n'est besoin de le dire, nos chambres, les corridors, la chapelle, les cours et jusqu'aux communs en sont littéralement remplis.

C'est à qui se confessera, communiera et entendra le plus de messes. Spectacle bien consolant pour la religion, et digne de vous émouvoir... Nous y voyons vos anciens collègues : quelle édification ils nous ont donnée ! Qui s'y serait attendu ? Voyez comme la grâce du bon Dieu opère !...

A vous parler *franchement*, et malgré *certaines assurances données*, nous ne nous attendions guère à un pareil triomphe sur *le libre enseignement*. Quel honneur pour l'Église et pour notre compagnie surtout ! Quelle joie notre père général va avoir ! Il est malade, cela va le remettre sur pied.

Il n'y a plus à hésiter : venez, venez à nous, mon cher Monsieur ; nos bras s'ouvrent pour vous recevoir..... Allons, point de mauvaise honte... songez quel éclat ! quel effet, votre conversion produirait ! et quel coup de massue pour l'incrédulité ! Les *philosophes*, les *penseurs*, les *socialistes*, en seraient abasourdis...

Mais aussi, quelle gloire ! quels profits pour vous, pour nous aussi !...

Imitez le jeune Ratisbonne, qui est de notre société ; lui aussi était un grand pécheur (il n'était pas même chrétien de nom) : un beau jour, à propos de rien, il entre dans une église : la Vierge Marie lui apparaît, parle à ses sens, puis à son cœur : le voilà converti... Et quelle conversion miraculeuse ! La vôtre le sera plus encore.

O mon fils ! écoutez la raison « qui vous parle à voix basse » : faites-vous catholique et *devenez jésuite.*

Venez passer une quinzaine de jours dans notre chambre des *méditations,* cela vous fera du bien.

Vous y verrez notre sainte religion représentée sous l'emblème d'un vaisseau cinglant à pleines voiles de la mer du siècle au port du salut, monté par huit principaux fondateurs d'ordres, avec cette légende, écrite en lettres d'or : *Tipus religionis.* Vous y verrez saint Ignace, le nom de Jésus à la main, chargé du gouvernail, et ses enfants exécuter la manœuvre. A la remorque de ce vaisseau deux barques où sont, pêle-mêle, papes, rois, cardinaux, évêques, enfin des personnages de tous rangs et de tout sexe, avec ces mots au-dessus : *Superbia vita.*

Vous y verrez encore le moine Luther, Calvin, Lamennais, ajustant et dirigeant leurs flèches sur le vaisseau spirituel. Enfin, parmi les apostats, Henri III, Henri IV et le pape Clément XIV, puis des monstres qui s'apprêtent à les dévorer tous.....

Quelle page d'histoire ! Comme c'est beau et bien rendu !

Vous aurez là, sous les yeux, mon cher fils, un sujet de méditations et de réflexions de toutes sortes, qui vous éclaireront et vous retireront, je l'espère, des griffes du démon et de l'abîme où vous êtes tombé.

Amen, amen, amen !

N. B. Nous commencerons demain une neuvaine à votre intention.

Unissez vos prières aux nôtres.

ESCOBAR,

societatis jesu.

De notre maison de la rue des Postes, à Paris, ce 27 mars 1851.

Pour copie conforme :

Achille-Célestin BÉNARD (de Caen).